Bénamar Brahmi

Les goûts de métiers et l'artisanat

Bénamar Brahmi

Les goûts de métiers et l'artisanat

Éditions Muse

Imprint
Any brand names and product names mentioned in this book are subject to trademark, brand or patent protection and are trademarks or registered trademarks of their respective holders. The use of brand names, product names, common names, trade names, product descriptions etc. even without a particular marking in this work is in no way to be construed to mean that such names may be regarded as unrestricted in respect of trademark and brand protection legislation and could thus be used by anyone.

Cover image: www.ingimage.com

Publisher:
Éditions Muse
is a trademark of
Dodo Books Indian Ocean Ltd. and OmniScriptum S.R.L publishing group

120 High Road, East Finchley, London, N2 9ED, United Kingdom
Str. Armeneasca 28/1, office 1, Chisinau MD-2012, Republic of Moldova, Europe
Printed at: see last page
ISBN: 978-620-4-96420-1

Les goûts de métier et l'artisanat

Le monde de métier et l'artisanat est immense. Et les exemples de la production et la réalisation est innombrables.

D'autant que, de nos jours, les outils et les produits offrent aux particuliers les possibilités et les moyens de faciliter la vie en produisant des choses et trucs traditionnels et robustes.

<u>**Brahmi Bénamar**</u>

Les costumes traditionnels 03

La **CHEDDA** est le costume de la mariée, indispensable et incontournable. Fait travailler bien des petites mains et mobilise pas moins de 14 métiers autour de sa confection. «**CHEDDA**», par son importance culturelle et par la diversité des articles qui la compose, représente une source de revenus pour une grande partie de la population tlemceniennes.

Dans la plupart des maisons de la ville, au moins une femme travaille « **CHEDDA.**» De la haute couture qui oeuvre pour la préservation et la promotion du patrimoine artisanal ancestral. Cet habit superpose plusieurs éléments dont l'origine remonte aux différentes périodes et dynasties historiques de la région.

Parmi les huit pièces qui compose l'Arftan : une veste courte en velours, entièrement brodée à la main ou à la machine avec du fil d'or ou d'argent. Une grande partie de la Chedda est couverte de plusieurs rangées de perles Djouhar et différents sautoirs et colliers traditionnels.

La Blousa, une robe longue en tissue Mensoudj, est portée sous l'Arftan lors de la cérémonie du mariage.
Le pagne doré ou argenté nommé Fouta et la ceinture appelée Hzèm. La coiffe conique ou la Chachya, fabriquée à base de velours, est travaillée avec de la broderie Mejboud, du fil d'or ou d'argent.

Sur le devant, elle est aussi ornée de sept à neuf diadèmes frontaux à caractères arabo-andalous.

Le Mendil, un long foulard en Mensoudj est décoré par une rangé de Ftoul lie la chachya, les bijoux de tête.

Au-dessous, on pose un autre foulard carré connu sous le nom de Tahwika ou Abrouk en mousseline brodée et perlée. Enfin, des Kmèm (manches) du même tissu et ornées de la même façon sont conçues pour couvrir le haut des poignets de la femme. Une richesse qui a valu son classement au patrimoine culturel immatériel de l'humanité par l'Unesco en 2012.

Le costume masculin:

Il se compose de la djellaba accompagnée d'un Tarbouche rouge en laine ainsi que les babouches ou Blegha, le burnous, le turban et le pantalon ample dit aaroubi.

Bijoux et Parures

El assaba : C'est une parure portée sur le front sertie d'argent travaillé et finement ciselé.

El zerou f: Ce sont des pierres précieuses et perles portées par la mariée le jour de ses noces.

El aqrat : La plus prestigieuse est elkhamsa ou lounaisse el aqd faite soit en or ou en pierres précieuses.

El cravache :

Appelé cravache « boulahia » appelé ainsi parce qu'il a la forme d'une barbe.

C’est une partie très importante de l’habit Chedda outre elkhamsa qui va avec.

El mssayess : Appelé aussi esseb’a en raison de sept assortiments qui le composent entre bagues et bracelets.

Le Tapis Algérien06

L'industrie du tapis est presque aussi vieille que l'humanité. Les méthodes et les instruments de tissage n'ont, d'ailleurs, guère varié depuis la plus haute antiquité.

Le métier du tisseur arabe ressemble au métier de Pénélope, tel qu'il a été reconstitué d'après un vase antique, exécuté environ 400 ans avant J.-C. et qui a été retrouvé à Chinsi.

A ce même point de vue, parmi les peintures de l'hypogée de Beni-Hassan (3.000 avant J.-C.), on voit un métier qui rappelle d'une façon frappante ceux des indigènes nord-africains.

Les populations du Maghreb s'adonnèrent, de longue date, à l'art du tapis. Fakehy mentionne un tapis nord africain d'une exécution magnifique.

Parmi les présents faits par Haroun El-Rachid. Marmol connaissait les tapis de Tlemcen et de Mila.

Léon l'Africain cite les tisseurs de Nedrorna, de Tlemcen, d'Oran, de Cherchell, de Miliana, de Constantine et de Mila. Shaw, qui résida 12 ans à Alger, a cependant vu chez les riches citadins des tapis « d'une grande magnificence, soit pour la matière, soit pour le travail ».

Il n'ignore pas les tapis de Kalaa ; il nous apprend que, dans la région de Mila, on cultivait la garance pour la teinture des tissages.

Vers 1815, la marque algérienne était connue en Europe. Pananti relate que, lorsqu'il fut capturé par un corsaire d'Alger, il avait pour compagnon d'infortunes un négociant qui se rendait dans la Régence à l'effet de se pourvoir d'un assortiment de tapis .

On trouve également d'utiles indications dans les mémoires et dans les lettres des Officiers de l'armée d'Afrique.

Le plus intéressant en ce sens est le capitaine Rozet qui appartenait à l'Etat-Major du Maréchal de Bourmont et qui a laissé un livre précieux pour l'étude de la vie algérienne entre 1830 et 1833 (Voyage dans la Régence d'Alger).

Rozet est allé dans toutes les villes successivement occupées par les troupes colonials. « Il a vu les tapis magnifiques de la Mosquée de la Casbah et de celle de la Porte-Neuve».

Il a visité à Alger plusieurs fabriques de tapis.
Il donne des détails suggestifs sur la teinture des tissages :

« La teinture jaune se fait avec de la gaude, qui croit en abondance autour de la ville d'Alger; la rouge et la violette avec du bois de campêche; la bleue avec de l'indigo, et le noir avec une décoction d'écorces de grenade dans laquelle on jette de la coupe rose» .

Les tapis algériens, fabriqués avant 1830 et jusqu'en 1860, peuvent, au point de vue de la forme, se diviser en 6 genres différents : les freschias, les zerbias (tapis de haute laine), les hembel, les guetif, les mattrah, les djelloul (tapis ras).

Les principaux centres de fabrication étaient à Alger, Aflou, Aumale, Biskra, Batna, Bou-Saâda, Chellala, El-Oued, Kalaâ, Oud-Souf, Sétif, Saïda, Tiaret, Tlemcen, etc…

Des spécialistes, appelés reggams, allaient de tribu en tribu donner des leçons de tissage.

Le reggam était loin d'être un artiste; il se contentait de maintenir, en la déformant quelquefois, la tradition qu'il avait reçue de ses pères. Il travaillait sans document, «portant, disait-on, le dessin dans son cœur ».
Il est curieux de noter à cet égard que ces tapissiers ambulants ont également existé en Europe.

Le répertoire ornemental des tisseuses arabo-berbères était des plus réduits: la palmette persane abâtardie, la rose simplifiée, et surtout des synthèses de lignes où le carré, le triangle et le losange entraient comme éléments essentiels.

L'art berbère, stylisateur à outrance, donnant à toutes ses représentations une abstraction énergique et concise, n'a jamais su évoluer que dans un géométrisme élémentaire, attardé à quelques thèmes primitifs, comme le losange et le chevron.

Malgré l'apport de l'hispano-mauresque dont l'herbier décoratif est si exubérant et qui a su étendre à l'infini les voluptueux enroulements de la courbe harmonieuse, le Berbère est toujours demeuré dans sa rigide manie linéaire, dans ses angles précis et durs, dans sa simplification aiguë de la vie.

Le décor maghrébin avait-il sa symbolique ?
Il est probable qu'à l'origine le dessin schématisé de d'artisan représenta, en les stylisant à l'excès, des modèles d'expérience usuelle, Van Gennep voit dans les parallèles l'image du filet, dans les damiers : les alvéoles des abeilles; dans le double losange, une assemblée de personnes..

On peut supposer, d'autre part, que beaucoup de dessins ont d'abord eu un caractère de prévention magique; certains ont figuré les cinq doigts de la main (intersection ou parallélisme de cinq lignes), pour lutter contre le *mauvais œil.*
Un auteur contemporain, Westermarek, a même expliqué par le thème de l'œil ,déformé par les conditions techniques de l'exécution, un grand nombre de détails ornementaux de l'imagerie arabo-berbère.

Le tissage algérien ne s'aventurait guère à la représentation des êtres vivants. On a voulu en chercher la cause dans la prohibition édictée par la loi islamique.

Il convient à ce sujet de mettre également en lumière, comme l'a fort bien vu l'École sociologique de Frazer, la superstition du primitif, les dogmes magiques et animistes, et la répulsion millénaire qui, encore de nos jours, dans certains pays, fait d'une simple peinture un sujet de crainte et de terreur mystique.

La teinture des tapis était généralement de provenance végétale.

M. Vachon a énuméré comme il suit les plantes employées :

" la garance (Fouka) fournit le rouge profond; mélangée à la gaude (asfar), le jaune; dans l'indigo (Nila), ainsi que dans le pastel, on trouve le bleu; dans l'écorce de grenade, le rouge clair; on fera le vert avec la mousse de la " nila" bouillante et une décoction de feuilles d' " azaz " ou bien avec de l'indigo et de la gaude mélangés; le noir, au moyen d'une mixture d'indigo, de sulfate de fer, de gaude et de noix de galle; et le violet, en additionnant d'indigo la crème de tartre".

Haëdo qui écrit vers la fin du 16ème siècle, constate de fortes importations à Alger de cochenille d'Espagne destinée à la teinture.

De son côté, Venture de Paradis, qui résidait à Alger, vers 1789, note des importations de cochenille venant de Marseille et, parmi les exportations, « 3 ou 400 quintaux de vermillon cueilli à Mascara et à Titteri. »

L'industrie tapissière avait donc connu une certaine vogue. Nous verrons plus loin qu'il ne faut pas l'exagérer.

TAPIS BERBÈRE TLEMCEN GRIS BLANC

Description du produit

Ce tapis habillera parfaitement tout type d'intérieurs. En plus de sa fonction décorative, il saura réchauffer vos pièces et créer une ambiance apaisante. Un tapis tout doux est toujours apprécié tant en automne et en hiver ; mais aussi lors des fraîches soirées d'été.

H'sira ou LAH'SIRA13

H'sira ou LAH'SIRA fait partie du décor, tissée en Halfa et utilisée dans les maisons ou pour décorer des locaux commerciaux et les mosquées.

La région de Beni Snouss s'est rendue célèbre par la production du tapis en nattes aux côtés d'autres régions steppiques du sud de la wilaya dont Sidi Djillali, Bouihi et Sebdou.

Les artisans de ces régions entendent innover dans la confection des plus beaux tapis dont le nom renseigne sur le hameau de sa fabrication, comme hsira Khemissia, en relation avec la localité de Khémis, hsira Achirtia (de Beni Achir) et hsira Moussatia et bien d'autres tribus de Beni Snouss où la rivalité dans la confection de la hsira se fond en une belle émulation.

Chaque zone rurale laisse sa propre empreinte sur ce produit artisanal pour le distinguer des autres et chaque artisan a son modèle de fabrication lié à son village.

La fabrication du tapis en natte est un travail collégial qui se fait par la femme et l'homme.

Ce dernier veille dans les champs steppiques pour d'abord cueillir l'alfa et des fibres extraites du doum, le fil qui servira à la trame de tissage.

Une fois rassemblés en bottes, ces produits végétaux sont traités avec de l'eau et de la teinture pour les mettre à la disposition des femmes qui commencent le véritable métier de tissage.

Le tissage se fait en duo sur un métier à tisser composé de deux roseaux. Les femmes se chargent d'abord de la préparation d'une chaîne d'alfa. La trame en brin d'alfa roué et battu au maillet est mélangée à de la laine en couleur où les teintes verte, rouge et orange sont dominantes.

Les produits finis sont rangés en tas dans une salle de la maison pour être ensuite exposés à la vente le jeudi, jour du marché hebdomadaire.

Autrefois, les commerçants venaient le jour du souk de toutes les régions du pays pour acquérir des tapis en natte de Beni Snouss et les revendre dans les villes et villages, garantissant un revenu pour la population de la région.

Aujourd'hui, ce métier, qui a aidé plusieurs familles rurales à survivre durant les longues années de disette, notamment lors de la Guerre de Libération nationale, et à assurer une ressource aux commerçants d'alors, a connu une baisse vertigineuse dans sa production actuellement, voire son arrêt, avec la récession de la demande, obligeant des familles à abandonner cette activité laborieuse «concurrencée» par des marques étrangères.

Les enfants de Tlemcen apprennent le métier à tisser

Les outils traditionnels16

Les outils traditionnels sont utilisés afin d'avoir un tapis bien garni.

Ennawl el Amoudi : "النول العمودي"ou bien : « El Mremma »

" المرمة"

Il s'appelle aussi : « El Mensej ».Verticalement est posé son cadre qui est mésuré de 1m60 à 1m80 .Horizontalement est posé sur la mésure de 1m à2m.
Il se compose de deux longues barres de fer avec une fin ouverte de chaque coté afin d'attacher l'autre barre qui est horizontalement posée.
La première barre est attachée en haut .Et la deuxième est attachée en bas dans le cadre dans laquelle on embobine de textiles.

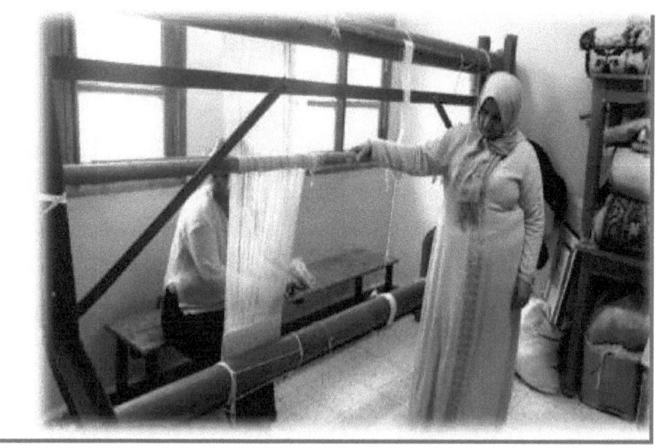

<u>Tessdia :</u>

Avant de commencer le tissage .Il faut préparer la chaîne connu sous le terme : «Tessdia ».**Et ce sont des fils étalés horizontalement en parallèle avec :** « Ennawl »

Cette image présente un outil de tissage : « Ennawl »

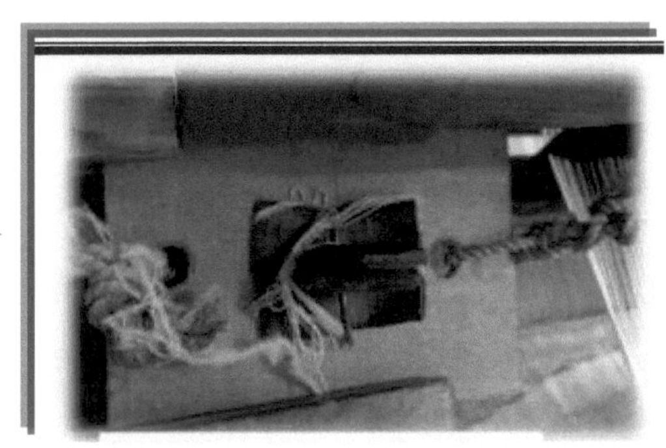

Cette image présente un élément qui sert à étaler les fils sous le nom de : « **EL JEBBADA** » «الجبادة »

« Al qardèche »

« Al qardèche » : « Al kardèche »
«القرداش » :

C'est un outil fabriqué en bois .Il se compose de deux parties séparés l'un de l'autre. Chaque partie est rectangulaire dans lequel son dos est recouvert par des dents afin de filer la laine

Ses mésures sont 18cm x20cm.Il a deux bras rond

Artisanat et artisanat d'art :

L'artisanat et l'artisanat d'art est toute fabrication principalement manuelle, parfois assistée de machine, par un artisan, d'objets utilitaires et/ou décoratifs à caractère artistique permettant la transmission d'un savoir faire ancestral.

L'artisanat est considéré comme artisanat d'art lorsqu'il se distingue par son authenticité, son exclusivité, dénommées et codifiés comme suit :

Dénomination	Code de Secteur	Code de domaine d'activité
- ALIMENTATION	01	01
- TRAVAIL DE LA TERRE, DES PLATRES, DE LA PIERRE, DU VERRE ET ASSIMILES	02	01
TRAVAIL DES METAUX (Y COMPRIS LES METAUX PRECIEUX) -	03	01

TRAVAIL DU BOIS, DERIVES ET ASSIMILES -	04	01
TRAVAIL DE LA LAINE ET PRODUITS ASSIMILES -	05	01
TRAVAIL DU TISSUS -	06	01
TRAVAIL DU CUIR –	07	01
TRAVAIL DES MATERIAUX DIVERS.	08	01

Étude sur l'artisanat : La ville de Nedroma

Nedroma est parmi les villes en Algérie qui ont bien se maintenir les coutumes, les fêtes religieuses et en général toutes les cérémonies publiques ou privées dans leur cadre ancien.

Elle est une ville fière de la richesse et de la diversité de son artisanat local qui a fait sa notoriété.

La ville ancienne se basait essentiellement dans son économie sur, l'artisanat.

Mais elle perdu sa fonction qui est exister depuis longtemps par le déclin de l'activité artisanale.

Le nombre des métiers pendant la période coloniale est passée de 148 à 75 entre 1867 et 1938.

Il s'est stabilisé autour de 40 à partir de 1944

Les anciens métiers qui ont connu à Nedroma sont le tissage de couverture qui est la principale activité de l'artisanat à Nedroma, passementiers, babouchiers, savetiers, potiers, travail de cuir, la broderie…

Selon une étude de Mr Abdelouahab SERDOUN , il estime : *17 ateliers de poterie recensés en 1867.

Et il ne subsistait que 8 en 1942 et 6 en 1948. *9 babouchiers dénombrés en 1867, 7 ateliers seulement ont pu survivre jusqu'en 1954.

Après l'indépendance, dès les années 1966, 340 emplois étaient recensés dans l'artisanat sur 940 actifs.

Tableau 5: nombre d'ateliers dans l'artisanat entre1966-1981

Année	Djellaba	Tailleur	Tissage	Confection	Menuiserie	Tapis
1966	10	10	40(a)	0	10	03
1981	10	11	104(b)	02	22	02

(a) Recensement 1966 (b) les impots Nedroma 1981

La fabrication des tapis connu 3 ateliers en 1966 et en 1981 on comptait 2 ateliers.

Nedroma est distingué par la fabrication des « djellabas ».

En 1948 on recensait 40 brodeurs et 12 tailleurs israélites travaillant sur machines à coudre.

Par contre entre 1966 et 1981 nous avons constaté un véritable déclin de cette profession, de brodeurs de djellabas, on n'en comptait que 10.15…

Nedroma est la ville des tisserands (djellaba, bernous,…), selon l'historien Marcel Emerit.

Il compte :

250 tisserands en 1970.

133 tisserands en 1985.

80 tisserands en 1991.

Il a aussi évalué le nombre des tisserands de bernous et djellaba « brachmis » de :

50 en 1970

30 en 1985

20 en 1991

8 en 1995

3 en 2010.

Les tisserands de Nedroma sont connus pour leurs compétences dans ce travail de tissage avec les nombreux produits qu'ils réalisent avec goût sur leurs métiers à tisser.

Nedroma est appelée aussi « la ville des marmites **(Madinet el-Qoudour)** »

Sa nomination est d'après la mosquée El Qaddarine dans le quartier de Beni Zeid.

Il a été battit grâce aux artisans de marmites : « **El Qoudour** »

Le quartier ou se trouve la mosquée est nommé **(Derb El Fekharines).**

La fabrication de tapis n'est apparue qu'après l'installation des premiers colons.

Le premier atelier fut installé entre 1924-1925.

En 1966 on comptait 03 ateliers et en 1981 on n'en recensait que 02.

Par contre les tailleurs, «…moins réputés que les tisserands, ils n'ont jamais été dénombrés ni même signalés dans les études faites jusqu'ici sur l'artisanat de la région.»

Avec la décadence de l'activité artisanale, l'état crée un centre polyvalent artisanal spécialisé dans la sculpture sur bois- le tapis- la menuiserie et la céramique.

L'unité communale « Mensoudj » est entrée en production en 1980.

40 jeunes employés en 1980 et décrue de 16 jeunes en 1981.

Elle est dotée cinq machines à coudre électroniques et sept métiers à tisser.

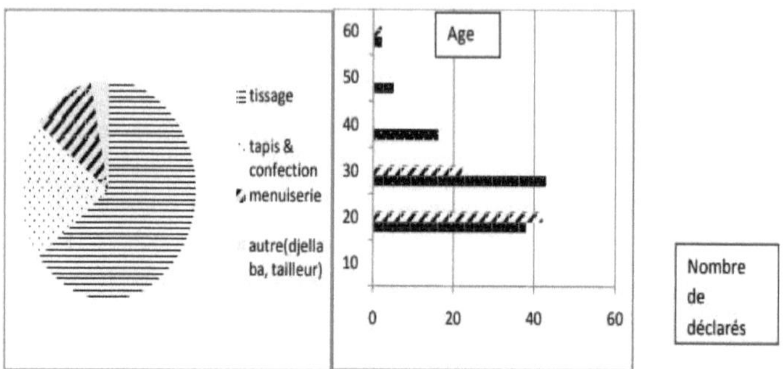

part selon la branche d'activité Figure 10: population active dans l'artisanat artisanale

Selon une synthèse déduite du travail de Mostapha KHIAT et selon des statistiques officielles des services des impôts, on constate que 63,2 % des activités artisanales ont été fermés entre 1981 et 1993.

Ces activités se sont transformées en commerce d'habillement et des chaussures.

«La vieille ville qui ne concentrait pas moins de 75 % des ateliers de tissage en 1954, n'en concentre en 1981 que 52 % ; en 1987 elle n'en rassemble plus que 30 %»

Métiers divers

Enfumoir

Métier : Apiculteur

Usage : Instruments de soins

Fendoir à échine

Métier : Boucher, Charcutier

Usage : Outils de coupe

Fer à friser

Métier : Coiffeur

Usage : Outils de façonnage

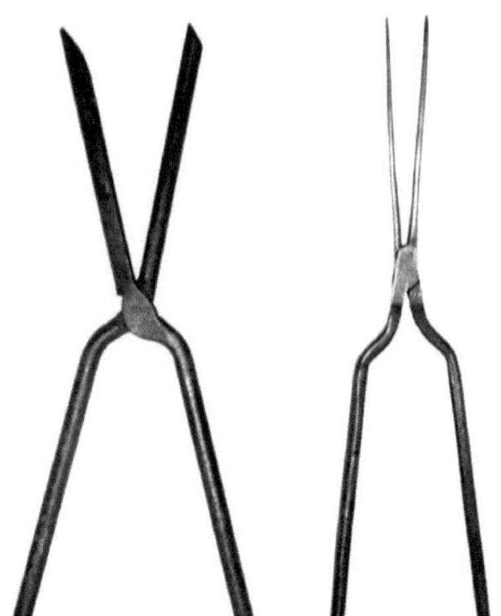

Racloir de boucher

Typomètre

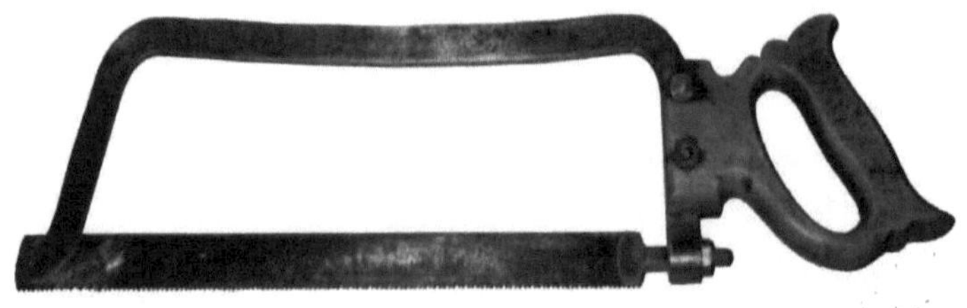

Scie de boucher

Presse de photographe

Pompe à saler

Feuilles

Foëne

Fusil à affiler

Gaffe de marinier

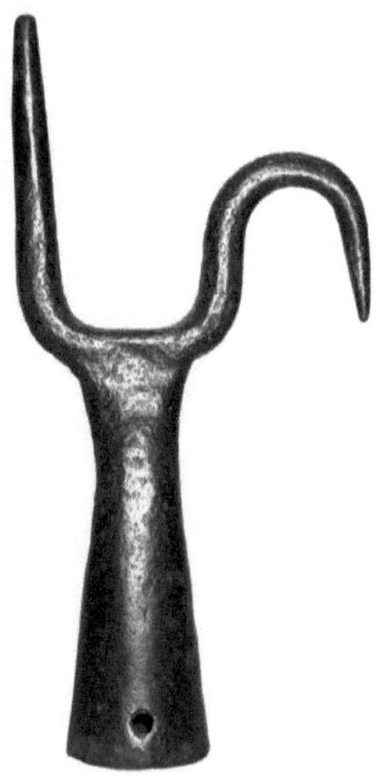

Machette

Marteaux

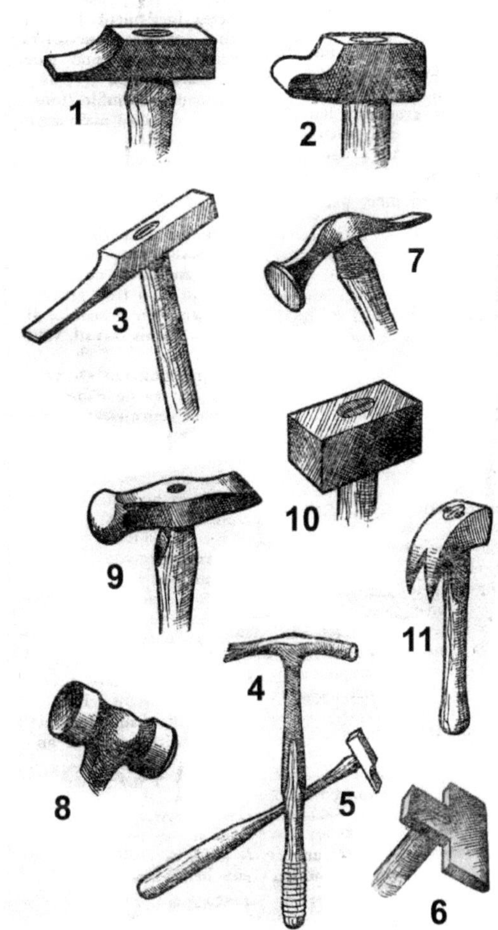

Pelle à grille

Piège

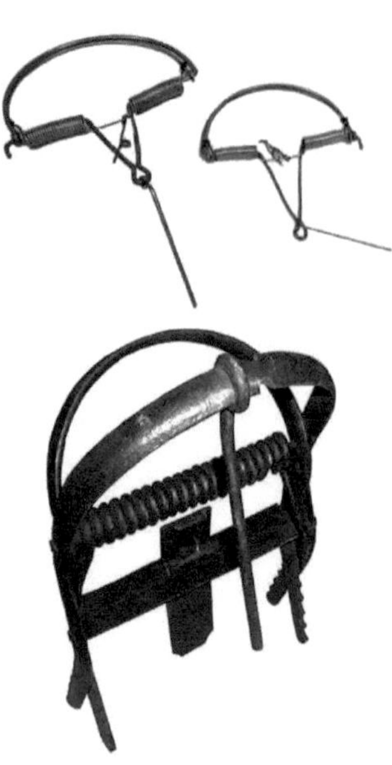

Pince à plomber

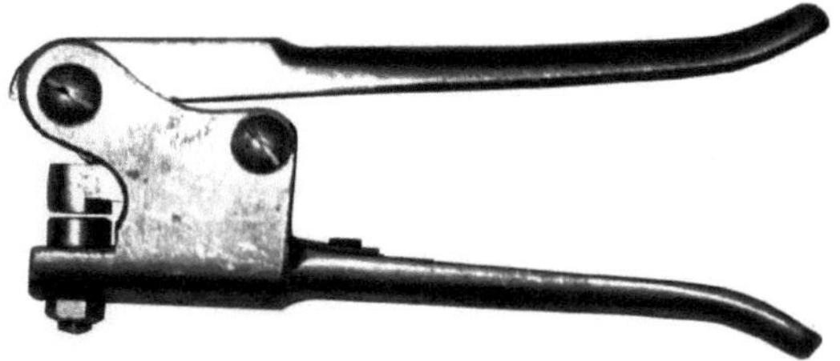

Quelques termes en cordonnerie

A

Abat-carre :

Abat-carre \a.ba.kaʁ\ *masculin (pluriel à préciser)*

1. *(Technique) (Cordonnerie)* Outil de cordonnerie servant à adoucir les coins d’une pièce de cuir ou de préparer la finition d'une tranche de cuir.

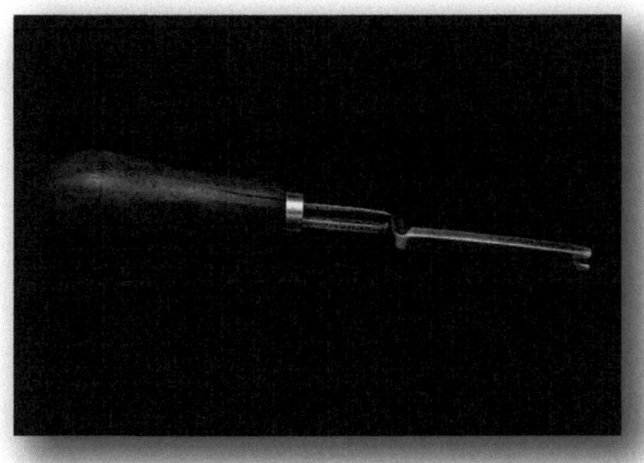

Astiquer

Procédé qui permet, en cordonnerie, de rendre le cuir propre et brillant grâce au passage d'un instrument appelé astic. Faire briller une surface, la nettoyer en frottant

Avant-pied

(Cordonnerie) Dessus du soulier.

Les avant pied Saphir existent en 3 tailles. Ils sont en mousse, pour l'avant-pied des chaussures, afin de protéger leur forme.

B

Béquet

Cordonnerie) (Vieilli) Petite pièce de cuir pour renforcer une semelle qui s’est usée.

- *Le tisserand, en se rendant à son atelier, s'était arrêté chez lui pour faire remettre un **béquet** à un de ses souliers.* — (*Le Savetier philosophe*, Paris, Société des traités religieux de Paris, 1830, page 2)

- ### Bichonner

Phase ultime de la fabrication d'une chaussure durant laquelle on la cire, la fait briller, pose les lacets et la semelle de propreté.

- **Bisaigue**

Une **bisaiguë** ou **bisaigüe**[1] est un outil de charpentier formé d'un ciseau à bois couplé à un bédane, et ayant pour rôle de travailler de grosses pièces de bois. Le même nom est donné à un outil de vitrier servant à détacher de vieux enduits et à percer des trous, ou encore à un outil de cordonnier qui permet de polir le tour des semelles.

C

- **Chiquet:**

(En Cordonnerie) Morceau de cuir fort au talon.

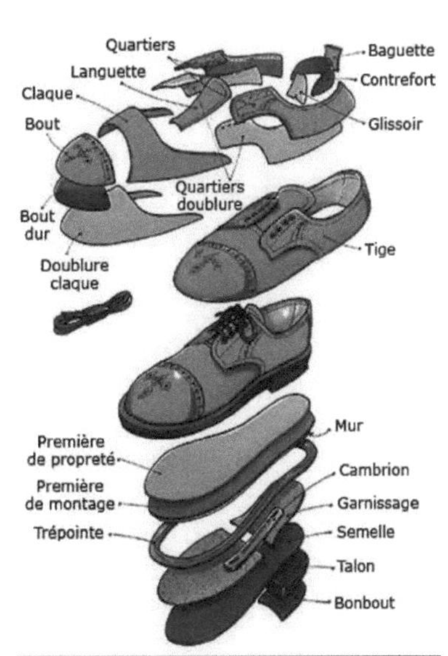

- **Claque:**

En cordonnerie, partie de tige de chaussure

Clarence

Clarence \kla.ʁɑ̃s\ féminin

1. *(Cordonnerie)* Sorte de chaussure sans derrière selon *Littré*, mais dans le *Dictionnaire des mots rares et précieux* est défini comme : chaussure à semelle plate, sans talon.
   - *Peaux de veaux pour articles de corroierie, tels que tiges, bottines,* ***clarences****, avant-pieds, guêtres pour l'armée.* — (*Enquête, Traité de commerce avec l'Angleterre t. VI*, page 746)

E

- **Embauchoir**:

  ustensile muni d'un resort,que l'on introduit dans une chaussure pour la tendre et lui garder ainsi sa forme

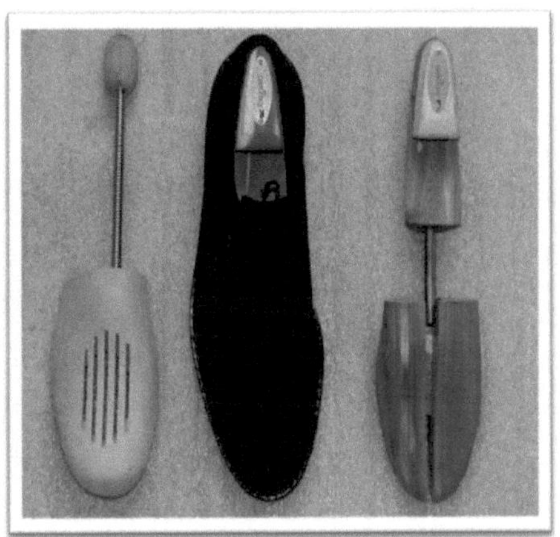

- **Estamper**

(EnCordonnerie) Former, empreindre des figures, sur le cuir, pour en faire des tapisseries, des ornements, etc.

G

Gueusette

(Cordonnerie) Petit godet où les cordonniers mettent leur rouge ou leur noir.

L

- **Ligneul**

(Cordonnerie, Textile) Fil de lin ou de chanvre, enduit de poix et de suif, dont se servent les cordonniers.

- *Elle vit, à l'angle de la place, le vieux savetier qui tirait le* ***ligneul*** *d'un geste éternel.* — (Anatole France, *Le Lys rouge*, 1894, réédition Le Livre de Poche, page 207)
- *Connaissez-vous Turinaz ? me demanda [...] le père Milot, le cordonnier de Longeverne, tandis que je fumais une pipe près de sa banchette en le regardant tirer le* ***ligneul****.* — (Louis Pergaud, *Un point d'histoire*, dans *Les Rustiques, nouvelles villageoises*, 1921)

P

- **Paton**:
- * Petit morceau de cuir qui est dans l'intérieur d'un soulier, au bout de l'empeigne, pour le conserver dans sa forme.

- **Patronier:**

Ouvrier qui crée les modèles des différentes pièces constitutives d'une chaussure. Il connut [dans la cordonnerie de son père] les mystères de l'atelier de coupe, où opéraient les patronniers sur des gabarits de carton.

(D'Esparbès, Printemps, 1906, p. 128).

- **Piqueuse:**

(Cordonnerie) Ouvrière qui pique diverses parties des chaussures

- **Pointure:**

Longueur, mesurée en points, d'un pied, d'une forme ou d'une chaussure et d'une main ou d'un gant.

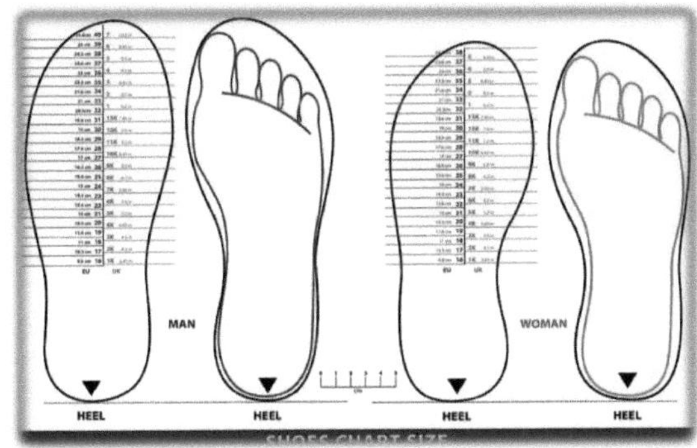

1. **Rebouiser:**

   En Cordonnerie) Passer une semelle au bouis ou buis.

   - Les vieux seuls s'en tiennent à la tradition, et, s'ils posent une demi-semelle, ils la **rebouisent**— (CH. NISARD, Parisianismes, Paris, 1876, page 35)

-
- **Relève-gravure :**
- *(Cordonnerie)* Outil pour parer les coutures des souliers.

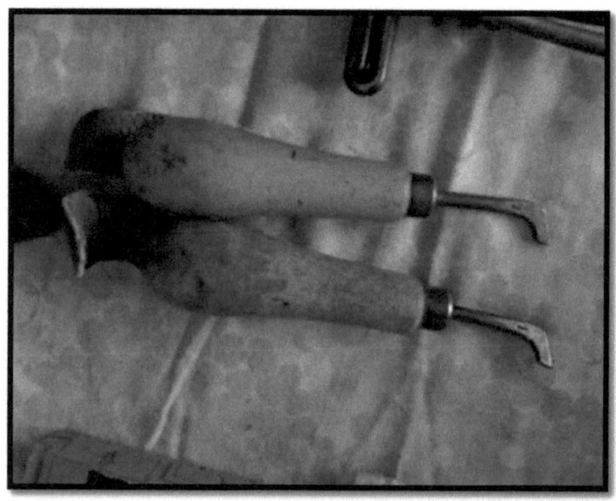

S

- ## Semelle

La **semelle** est la partie inférieure d'une chaussure qui a pour objet de prévenir l'usure de cet accessoire, d'isoler le pied du sol et de contribuer à « l'amorti », à la stabilisation et au meilleur ancrage du pied au sol. Elle peut être en matériaux naturels (cuir, caoutchouc, crêpe, airlite) ou synthétiques (polymères, acétal, ABS). Elle peut être toute plate ou à talon. On peut faire protéger la semelle de ses chaussures par un cordonnier.

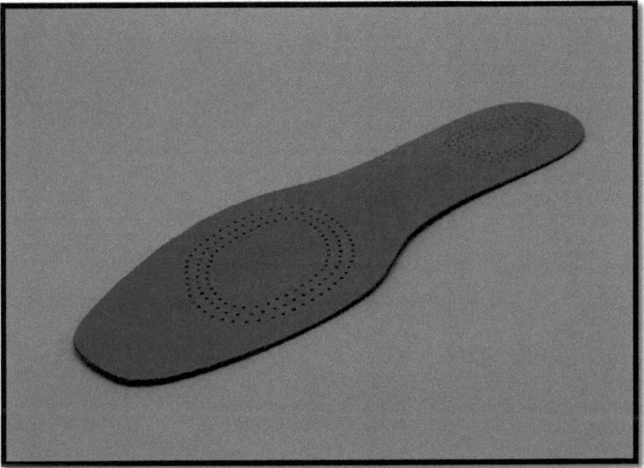

T

Taconnage

Taconnage ou **taconage** \ta.kɔ.naʒ\ masculin

1. *(Charolais) (Dauphiné) (Cordonnerie, Couture)* Raccommodage, rapiéçage.
    - *Chacun a pu voir les ménagères glisser dans le bas une boule semblable à une bille de billard, l'appliquer sur la partie usée du talon, relier entre elles avec une aiguille et du coton les diverses parties du tricot par une infinité de points et former ainsi un tissu nouveau. C' est cette opération, qui se pratique surtout au talon, qui prend le nom de* ***taconnage*** — (*L'Intermediaire des chercheurs et des curieux*, p. 264, n°4, 1867-1868)

- ## Tire-fil

Tire-fil \tiʁ.fil\ *masculin*

1. *(Cordonnerie)* Outil de cordonnier servant à tirer les fils.
    - *C'est une vie nouvelle, — il n'est jamais là, je suis libre, et je vis au rez-de-chaussée avec les petits du cordonnier et ceux de l'épicière.*
      J'adore la poix, la colle, le ***tire-fil*** *: j'aime à entendre le tranchet passer dans le gras du cuir et le marteau tinter sur le veau neuf et la pierre bleue.*

Tranchefile :

Couture faite à l'intérieur des chaussures, le long des quartiers et des oreilles.

V

- **Veilloir**
-

(Vieilli) Table pour travailler la nuit. (Vieilli) (Bourrellerie, Cordonnerie), Table de cordonnier ou de bourrelier, où sont posés les outils. (Vieilli) Lieu où se déroulait la veillée.

Biographie

Youssouf BB Finger de son vrai nom **Bénamar BRAHMI,** est un artiste poète, scénariste, comédien, chanteur et traducteur arabe/français/anglais, né à Ghazaouet le 02 février 1983 .Il vit à **Nedroma.**

Son don d'écrire était à l'âge de 10 ans, en parallèle avec la sortie de Khaled « N'ssi N'ssi », un album fusion entre la musique orientale et le high-life Africain. Dés son enfance, il se développe au contact de traditions culturelles vivaces .En 1994, il commença sa recherche sur la poésie et la musique arabe classique et occidentales, en suivant des orientations de ses parents, oncles et amis mélomanes. En 1998, Il continue sa formation chez **REKKAB Mounir, un auteur compositeur,** Ou il donna un rôle à notre jeune artiste, dans une opérette qui s'intitule « El Jazayer».

Il fait ensuite partie de la troupe musique classique arabo- andalouse « el mouahidia » ou il était son archiviste (qssayed et de noubas).

Il est devenu adhérent a l'ONDA comme auteur d'œuvre lyrique, en juillet 2008, son premier texte était « Dirni fi balek », une chanson qui raconte une histoire d'une femme, en absence de son mari, a quitté son foyer. Cette sortie est sous le nom de « Sidi Amar ya el wali » interprétée par **AbdelHafid HADDOU**.

En juin 2009, il obtint sa licence en traduction arabe français anglais.

Sa participation en plusieurs albums est non seulement pour écrire des textes mais même pour le schéma d'adaptation de chansons classiques et autres ,au studio de NEDROMA

Les semaines culturelles sont des échanges que notre jeune artiste a eu la chance de présenter la culture de Tlemcen et de Nedroma en tant qu'artiste poète à Boumerdes. La présence de l'Ambassadeur Vénézuélien intéressée par histoire Nedroma qui a été décrite par BRAHMI Bénamar, en juin 2010.

Sous la manifestation de Tlemcen capitale de la culture islamique, **BB Finger** est comédien dans un film documentaire : **« Tlemcen, repères et héritages.»** de **Said Mehdaoui**, une découverte et une expérience.

Il traduit un magazine du français vers l'arabe qui s'intitule **Bébé Boom** un magazine qui parle aux nouveaux et futurs parents.

En juillet 2012 ,notre artiste suivit une formation d' « **Actor Studio** » par la formatrice **Nina OVARIS** ,une formation américaine de cinéma .
En Aout 2012 , le groupe **de Ouled El Hadja Maghnia** chante deux chansons écrites par l'artiste Bénamar intitulées : **« NEGGAFAT** » Et « **Allah Ya Allah Moulana** ».

Hasna Hini est une artiste qui faisait parti de l'association : **« El Inchirah ».** En caractère solo, lors d'une soirées ramadanesque ,Elle demande a l'artiste BRAHMI Bénamar d'écrire une chanson dans le genre de « Mdih » .
Et c'était :
« Mahla Liam Yafrah Fiha El Insane Bi mir El Bachar Mohamed Alayhi Essalam »
Il enregistre son premier album intitulé : Teddi Wash Yketeb Moulana » « Tu prendras ce qu'il t'a écrit notre Seigneur ».

Cette chanson est venue suite d'un proverbe **« Essif Naklou El gateau Welkhrif Nrouhou and El bogado » L'artiste change cet idée en disant :**
« Sif Wel Khrif Wkat Rabbi
Wel Hlaoua Dhikr Allah Taala
Ma Tkoun Adaoua Bidhn Allah
Temchi Win Yeddik Moulana »

Elle parle de la destinée soit positive ou négative .Elle reste de la destinée. A propos de la musique, c'est le genre chaabi .

Lahnine

C' est du genre chaabi moderne .Elle parle sur les gens qui ont participé à faire naitre nos personnalités . Ce sont nos parents, nos professeurs.

Nachatona Dhikr Mohamed

C' est une chanson qui parle aux femmes afin d'apprendre leurs enfants le parcours de notre prophète. Elle est du genre moderne .

Laktab

C'est une chanson duo avec Kamal Amara. Elle parle sur le Coran Et qu'on s'est réuni avec. Aussi on a eu la liberté grâce à « Allah Akbar »

***Edimiati : « Herraz Leblad »**

C'est un livre de sorcellerie. Je lance un appel pour les gens qui pratique ce mal de s'arrêter c'est du genre du gnaoui .

Sellem Ya Maallem ou « Lahchiche Ma Andou Riche »

Une chanson dont l'artiste lance un appel de s'éloigner de la drogue et d'apprendre un métier ou faire de l'art.

Genre : Folklore/ Chaabi

Radja
C'est une jeune fille diplomée que son ami demande sa main .
Genre : Moderne

Zouj Sajdate Li Moulana Erahmane
Genre : Moderne

Son texte parle sur comment attraper les prosternations pendant qu'on sera en retard par rapport a l'imam.

Les paroles écrites par BRAHMI Bénamar
La musique : BRAHMI Bénamar et Rekkab mounir

L'album est sorti sous les éditions OSTOWANA.

En juillet 2018 ,l'artiste anime la clôture de « Layali Miliana El Andaloussia » avec L4ARTISTE Lamia Maadini , dirigé par l'association ezziria de Miliana sous la présence de directeur de la culture de Ain Defla , l'artiste Nouri Koufi ainsi que Imene Sahir .

Bibliographie

1. **Wikipédia**

2. https://slf24.fr/tapis-berbere-tlemcen-gris-blanc.html

3. **Thèses de magistère**
4. **Larousse 2007**

Sommaire

Printed by Books on Demand GmbH, Norderstedt / Germany